羊毛フェルトでつくる
かわいいわんこ

大サワ工房

WAVE出版

手芸は好きだけど、羊毛フェルトは初めてだから、できるか不安。
そもそも手芸自体、あまり向いていないような気がする。
もしそんな方がいらしたら、ぜひお伝えしたいことがあります。

羊毛フェルトは「手芸」よりも「工作」という表現の方がしっくりくる手作業です。
粘土をこねてかたちを作る感覚に近いような気がします。

私自身、小さなころからお裁縫系の手芸はどうも苦手でした。
それでも、羊毛フェルトは楽しく続けることができています。

また羊毛フェルトは、ものすごく簡単に始めることができます。
少ない資金でも、道具が揃う。
ちょっとした隙間時間にさっと取り組めて、すぐにやめられる。
この気軽さは、ほかの手芸と比べて、ずば抜けていると思います。

慣れるまでは少し、苦戦するかもしれません。
実際、羊毛フェルトを始めてみたけどうまくいかず、
道具を押し入れの奥にしまっちゃった、というお話も聞きました。
でも、コツさえつかめば、粘土のように自由自在に、
好きなかたちを作ることができるようになります。
この本は、そのお手伝いができるように、
たくさんの写真やイラストを使って解説しています。

一度、時間をかけて作った作品を手にしたら、きっとやめられなくなると思います。
この本が、あなたと羊毛フェルトをつなぐきっかけになれば、嬉しいです。

大サワ工房

羊毛フェルトのつくり方 基礎編

道具と材料……………028
基本技術………………030

- 柴犬のおしりブローチ……………036
- 柴犬の顔ブローチ……………040
- 柴犬貫通イヤリング……………044
- 柴犬人形　－ノーマル－……………048
  コラム①　季節の小物のつくり方……………053
- 柴犬だるまブローチ……………054
- 柴犬しっぽつきトートバッグ……………058

羊毛フェルトのつくり方 応用編

- その他の犬種の顔ブローチ
  　黒柴……………064
  　ダックスフンド……………065
  　ビーグル……………066
  　フレンチブルドッグ……………067
  　トイプードル……………068
  　チワワ……………069
  　パピヨン……………070
  　シーズー……………071
  　雑種……………072
- 柴犬人形　－おすわり－……………073
- 柴犬人形　－ごろん－……………074
  コラム②　季節の小物のつくり方……………075

羊毛の話……………076
おすすめ手芸用品店・材料購入店舗……………078
柴犬しっぽつきトートバッグ型紙……………079

柴犬のおしりブローチ　P.36

柴犬の顔ブローチ　P.40

トイプードルの顔ブローチ　P.68

ダックスフンドの顔ブローチ　P.65

その他の犬種の顔ブローチ　ビーグル P.66　パピヨン P.70
チワワ P.69　トイプードル P.68　雑種 P.72　黒柴 P.64
フレンチブルドッグ P.67　シーズー P.71

柴犬貫通イヤリング P.44

柴犬人形　ノーマル P.48　おすわり P.73

柴犬人形　ごろん P.74

季節の小物　節分 P.53

季節の小物　端午の節句 P.75

季節の小物　夏休み　P.53

季節の小物 クリスマス P.75

柴犬だるまブローチ P.54

柴犬しっぽつきトートバッグ　P.58

羊毛フェルトのつくり方
基礎編

道具と材料

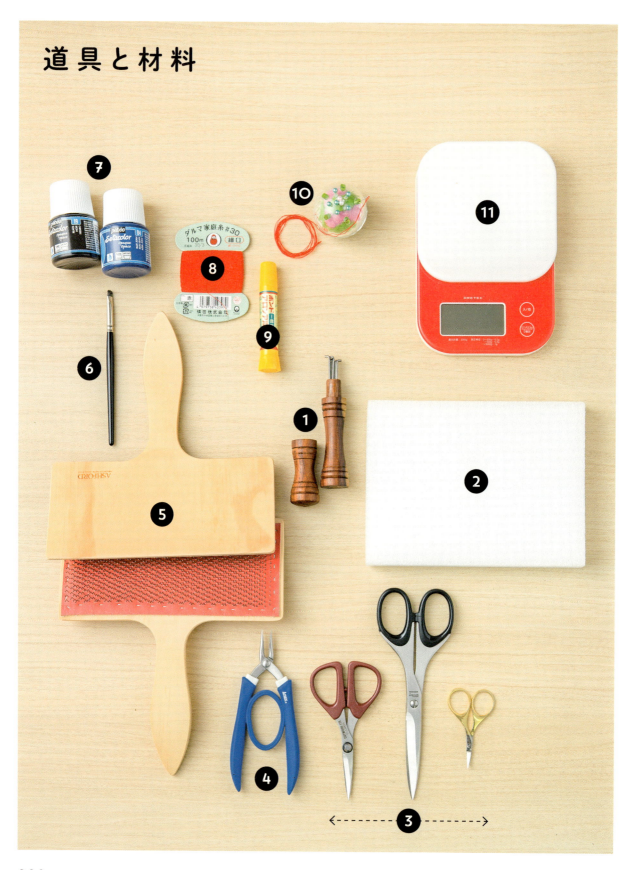

- ❶ ニードルパンチ（本書ではニードルと呼んでいます）
- ❷ フェルティング用マット
- ❸ 手芸用はさみ（大小揃えると便利。とくに先端がカーブしたはさみは、はみ出た毛をカットするときに便利です）
- ❹ やっとこ
- ❺ ハンドカーダー（あると便利。羊毛を混色するのに使用します）
- ❻ 絵筆
- ❼ 布用絵の具
- ❽ 綿糸（色は何色でもOKです）
- ❾ 瞬間接着剤
- ❿ 縫い針
- ⓫ 計量器（0.1グラムまで量れるもの）
- ⓬ 羊毛
- ⓭ シャワーブローチ金具　ゴールド（40mm）
- ⓮ シャワーブローチ金具　ゴールド（25mm）
- ⓯ イヤリングシャワー金具　ゴールド（15mm）
- ⓰ 造花ピン（25mm）

＊材料の詳細・購入店舗は78ページを参照してください。

［写真以外で必要なもの］

P.40、64　　柴犬の顔ブローチ
P.48、73、74　柴犬人形

表情によっては、舌用のピンクのフェルトシートを用意してください。

P.58　柴犬しっぽつきトートバッグ

パレット、筆洗、トートバッグを用意してください。

道具と材料

基本技術

基本技術1 ニードルの種類

羊毛フェルトは、極端にいえば、
羊毛とニードルさえあればできてしまいます。
ニードルは針にギザギザとした加工が施されており、
刺すごとに、羊毛の繊維が絡まり合うようになっています。
ニードルには様々な太さがあり、制作の段階によって
使い分けると、作業効率が上がります。

細いニードルは、仕上げなど細かい作業を行うのに向いている。（例：着色）

太いニードルは、おおざっぱな作業を手早く行うのに向いている。（例：ベース作り）

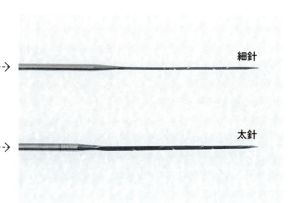

細針

太針

基本技術2 浅刺しと深刺し

ニードルの種類と同様、刺し方にも種類があります。
ニードルは折れやすいので、無理に力を加えず、
まっすぐ刺してまっすぐ抜いてください。

浅刺し……針先5ミリ〜10ミリを使って刺す。
（着色や仕上げのような、針あとを目立たせたくないとき）

深刺し……針の細くなっているところぎりぎりまで刺し込む。
（基本のかたちを作ったり、部品を刺しつけたりするとき）

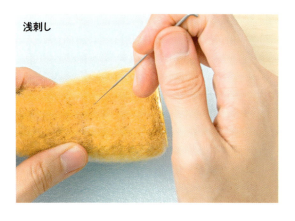

浅刺し

深刺し

基本技術3 羊毛の種類

一口に羊毛といっても、いろいろな種類があります。
羊の種類はもちろん、加工のされ方によっても、
触り心地が異なります。

染色メリノ……とても細くやわらかい。直毛。固くまとめようとすると針あとが目立ちやすいので、ロムニーと混ぜて使用するのがおすすめ。

染色ロムニー……少しごわごわして癖毛。針あとが目立ちにくく扱いやすい。

ロール……ベースを作るときに使用する。

トップ……白く着色するときや植毛に使用する。

基本技術4 羊毛のほぐし方

用途に応じて、羊毛のほぐし方も変わってきます。
植毛用として使いたいときは、毛の方向に逆らわず、
ちぎってそのまま使います。
着色などに使用したいときは、少量ずつちぎり、
毛の方向をバラバラに混ぜてから使用します。
混色の方法については、34ページを参照してください。

植毛

着色・混色

基本技術

基本技術5 球のつくり方（ブローチなどのベース）

0.1グラムまで量れる計量器を用意し、羊毛の重さを量る。

まずはだいたいのかたちを想像しながら、手で大まかにまとめる。

まとめた羊毛の一番ふさふさしたところ（巾着のてっぺんのようになったところ）を針で数回刺したあと、均一に刺し固めていく。

指で圧縮しながら刺すと効率が良い。たまに全体を触って、やわらかいところを刺していく。

根気よく、なるべく均一に刺す。写真のように「力を加えてもぐにゃっとつぶれなくなるまで」が本書の目安。

基本技術6 植毛の仕方

しっぽには直毛を使用する。毛の流れを損なわないよう、一房とる。

まずは大まかに、半分にカットする。

必要な長さにカットする。

少しずつ割いて使う。

植毛したい部分にあて、中央を直線に刺していく。

全部刺せたら折り返し、根元を刺す。

引っ張っても抜けないようになるまで刺す。これをひたすら繰り返す。

基本技術

基本技術7 混色の仕方

使用する羊毛の色は、好きな色でかまいません。
ただし、本書の柴犬のおうど色の部分については、
いくつかの色味を混ぜて作っています。
混色も、刺す作業と同様に、根気よく行ってください。

手で混ぜる……必要な色の羊毛を手にとり、何度もトランプを切るように混ぜる。

ハンドカーダーを使う……ペット用ブラシのような道具を2つ1組で使用。とかすようにして混ぜる。

手で混ぜる

ハンドカーダーを使う

基本技術8 混色レシピ

既製品で好みの色の羊毛が見つかればいいのですが、
犬の人形作りにぴったりの色は、なかなか見つかりにくいもの。
少し手間はかかりますが、混色にチャレンジして、
好みの色を作ってみませんか。
私の混色レシピも、参考にしてみてください。

レシピ❶おうど色　柴犬
ベージュ（染色ロムニー）＋レモン（染色ロムニー）＋ M-87（染色メリノ）

 2 ： 7 ： 1

レシピ❷ベージュ　ダックスフンド・シーズー
ベージュ（染色ロムニー）＋ M-87（染色メリノ）

 9 ： 1

レシピ❸くるみ色　ビーグル
ベージュ（染色ロムニー）＋ M-87（染色メリノ）

 3 ： 7

レシピ❹クリーム　フレンチブルドッグ・チワワ・雑種
ベージュ（染色ロムニー）＋白（トップ）

 2 ： 8

レシピ❺茶色　パピヨン
チョコ（染色ロムニー）＋赤茶（染色ロムニー）＋ M-52（染色メリノ）

 6 ： 3 ： 1

＊羊毛はすべて「アナンダ」の商品を使用。

基本技術9 着色の仕方 基本

1. 着色したい色の羊毛を少しずつとり、均一になるようにあてて刺しつける。

2. 1を何度も繰り返し、むらがなくなるように重ねていく。

3. 針あとが気になる場合は、指でこすると、針の穴が埋まる。

基本技術10 着色の仕方 色の境目のつけ方

1. 羊毛を均一にあて、色をつけたいラインに沿って、針を刺していく。

2. ひととおりラインを刺し終わったら、はみ出ている羊毛を折り返す。

3. 浮いている毛を刺しつけて定着させる。

柴犬のおしりブローチ

いつも心に柴尻を。
洋服や帽子、かばんにつけて、落ち込んだときに
そっとしっぽを触ると、少しだけなぐさめられるかも。
立体的で目立つので、街角で二度見される可能性あり。

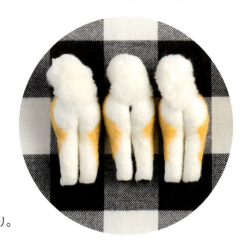

材料

- ベース用羊毛
- カラー羊毛
  ・おうど色（P.34 レシピ①）
  ・黒
  ・白
- シャワーブローチ金具 ゴールド（25mm）
- 綿糸

だいたいの流れ

ベースを作り、ブローチの土台を縫いとめる → 足を作って刺しつけ、尻を作る → しっぽを作って、刺しつける → 仕上げの植毛とトリミング → ブローチをとりつける

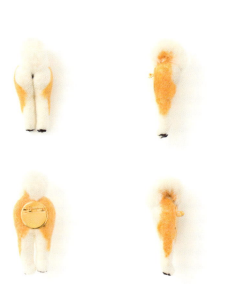

▶ サイズ

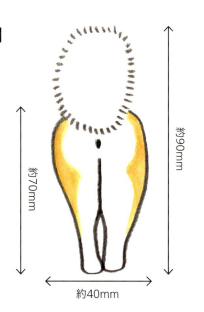

約90mm / 約70mm / 約40mm

ベース用の羊毛2グラムを平べったい楕円形にまとめる。

シャワーブローチ金具の土台（穴があいているほう）を糸で縫いとめる。反対の面の縫い目のボコボコにベース用の羊毛を刺して平らにする。

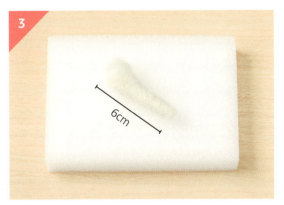

足のベースを2本作る。ベース用の羊毛を細長く指でまとめながらかたちを作る。長さは6センチ程度。片方の端はふさふさのままで。

足のベースの上から白い羊毛をかぶせ、足先になる部分の先端を少し曲げる（マットに押しつけながら関節部分を刺す）。

足の裏に黒い羊毛で肉球を刺しつける。

2に足を刺しつける。ふさふさ部分を2に押しつけながら、接合部分を刺していく。

足の接合部分が目立たなくなるように、尻の膨らみを白い羊毛で盛っていく。尻の中央に尻穴を黒い羊毛で刺しつける。

尻から足にかけての両サイドをおうど色の羊毛で着色していく。

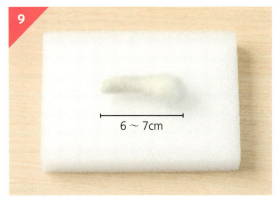

ベース用の羊毛でしっぽを作る。細長く平べったいかたちで仕上がりは足よりやわらかめにする。長さは6〜7センチ。

しっぽの内側をおうど色の羊毛で着色する。

着色した反対側に白い羊毛を植毛していく。植毛するために準備する羊毛の長さは2〜2.5センチ。

しっぽの先端から3分の2程度植毛したら、程よい長さにはさみでカットする（目安は1センチ弱）。

しっぽを尻にしっかり刺しつけたあと、接合部分におうど色の羊毛をかぶせ、つなぎの部分が目立たないようにならす(とりつけの向きに注意)。

しっぽをぐるりと丸めて、しっぽの先端を尻に刺しつける。

しっぽにさらに植毛する。

新たに植毛した部分の余分な毛をはさみでカットする。

シャワーブローチ金具のピンを土台にとりつける。やっとこや頑丈な棒などでピン側のツメを折り込む。

ツメの部分としっぽの先端に接着剤を染み込ませて固定させる。乾いたら完成。

柴犬の顔ブローチ

コロコロ変わる柴犬の表情。
笑ってる顔、怒ってる顔、あそぼ！って誘う顔。
いろんな表情を作って並べると楽しいですよ！

材料

- ベース用羊毛
- カラー羊毛
  - ・おうど色（P.34 レシピ①）
  - ・黒
  - ・白
  - ・赤
  - ・ボール用の好きな色
- ピンクのフェルトシート（舌用）
- 造花ピン（25mm）
- 綿糸

だいたいの流れ

ベースを作り、造花ピンを縫いとめる → 鼻面を作る → 目と鼻を刺しつけ、おうど色に着色する → 耳を作って刺しつける

サイズ

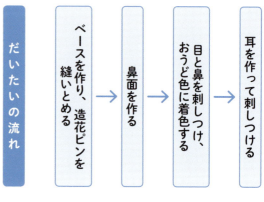

約15mm

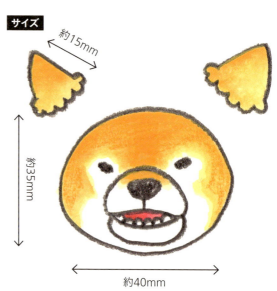

約35mm
約40mm

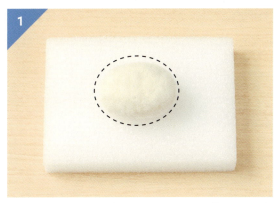 ベース用の羊毛3グラムを平べったい楕円形にまとめる。目安としては横4〜4.5センチ×縦3.5〜4センチ。	 片方の面だけおうど色の羊毛で着色する。
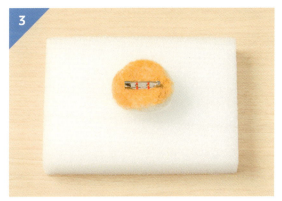 着色した面に造花ピンを糸で縫いとめる。	 反対の面の縫い目のボコボコにベース用の羊毛を刺して平らにする。その上に白い羊毛をかぶせる。
 白い羊毛で上あごを作る（中央よりやや下）。小さな三角錐のかたちに軽くまとめたものを刺しつけて、足りない部分を足していきながらかたちを作る。	 下あごを作る。白い羊毛でうまくいかないときは、ベース用の羊毛でかたちを作ったあとに、白い羊毛をかぶせる。

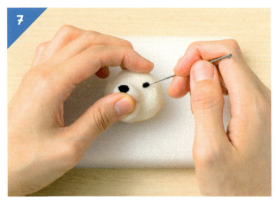

黒い羊毛で目と鼻を刺しつける。羊毛を指で軽く丸めたあと、顔の上に置いて少しずつ刺していく。

口の中を赤い羊毛で刺しつける。赤一色よりは、赤と黒を混ぜた羊毛を使うと、より自然に見える。

口の周りを黒い羊毛で囲うように刺しつける。細くこよったものをあてながら刺していく。

顔の周りをおうど色の羊毛で着色する。

口の中に歯を刺しつける。小さくちぎった白い羊毛を指で丸めたものを、ひとつずつ植えるように刺していく。

細かい着色をする。鼻面の先をおうど色と黒を混ぜた羊毛で、口の上の部分を白と黒を混ぜた羊毛でグラデーションをつけるように着色する。

13

耳を作る。指で三角形を作り、マットにあてて際の部分を刺しながらかたちを作っていく。

14

マットからはがし、サイドの部分を刺してさらにかたちを固めていく。3辺のうち1辺はふさふさのままにしておく。

15

耳を顔に刺しつける。

POINT

細かくて薄いものを刺すときは指も刺してしまいやすい。段ボールを二つ折りにしたものに、羊毛を挟んで刺すと安全。

16 A

［舌］ピンクのフェルトシートを舌のかたちにカットして口の中に刺しつける。

16 B

［リーゼント］おうど色の羊毛を軽く丸め、頭にのせて根元のほうだけ刺しつける。

16 C

［ボール］好きな色の羊毛で小さなボールを刺し固めて作り、口の中に刺しつける。

柴犬貫通イヤリング

柴犬が頭に突っ込んでたらおもしろいかも！
そんな、ほんの冗談から始まった作品です。

材料

- ベース用羊毛
- カラー羊毛
    - ・おうど色（P.34 レシピ①）
    - ・黒
    - ・白
- イヤリング シャワー金具 ゴールド（15mm）1ペア
- 綿糸

だいたいの流れ

頭を作る → 頭にイヤリングをとりつける → 尻を作る → 尻にイヤリングをとりつける

サイズ

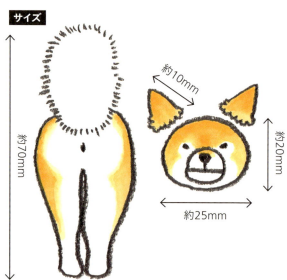

約70mm / 約10mm / 約20mm / 約25mm

顔部分

ベース用の羊毛1グラムを平べったい楕円形にまとめる。

片面をおうど色の羊毛で着色する。

着色した面にイヤリングシャワー金具の土台(穴があいているほう)を糸で縫いとめる。

反対の面の縫い目のボコボコにベース用の羊毛を刺して平らにする。その上に白い羊毛をかぶせる。

白い羊毛で上あごを作る。

上あごにくっつけて下あごを作る。

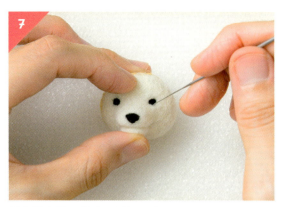

目と鼻を黒い羊毛で刺しつける。

顔の周りをおうど色の羊毛で着色する。

耳を2つ作り顔に刺しつける。耳の作り方は顔ブローチを参考に（P.43）。

細かい着色をする。口の周りを白と黒を混ぜた羊毛で着色したあとに、上あごと下あごの境を黒い羊毛で着色する。

イヤリングシャワー金具のイヤリングを土台にとりつける。やっとこや頑丈な棒などでイヤリング側のツメを折り込み、接着剤で固定する。

おしり部分

柴犬のおしりブローチを参考に（P.36）。

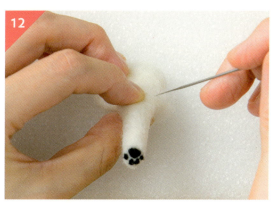

顔部分と同様にベース用の羊毛1グラムをまとめ、イヤリングシャワー金具の土台を縫いとめて、足を刺しつける。

足を刺しつけたら、尻の盛り上がりと尻穴を作り、おうど色の羊毛で着色する。

しっぽを作り、先端から3分の2程度植毛とトリミングをする。しっぽを尻に刺しつけたあと、さらに植毛をする。

新たに植毛した部分をはさみでカットして整える。

顔部分と同様にイヤリングシャワー金具をとりつける。ツメの部分としっぽの先端に接着剤を染み込ませて固定する。乾いたら完成。

柴犬人形
－ノーマル－

人形は、持ち歩かないので、
そこまで刺し固めなくても大丈夫といえば大丈夫。
ただし、本書の柴犬は筋肉質。やや固めに仕上げて、
ムチッとした柴犬をお楽しみください。

材料

- ベース用羊毛
- カラー羊毛
  - ・おうど色（P.34 レシピ①）
  - ・黒
  - ・白
  - ・赤
- ピンクのフェルトシート（舌用）

だいたいの流れ

顔を作る → 胴体を作る → 足を作る → 顔と足を胴体に刺しつける → しっぽを刺しつけ全体を調整

サイズ

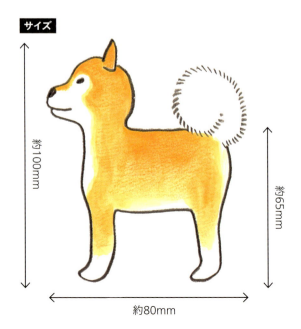

約100mm / 約65mm / 約80mm

1	POINT

顔ブローチの作り方を参考に（P.40）、好きな表情の顔を作る。閉じた口の顔は、イヤリングの顔の作り方を参考に（P.44）。	顔ブローチとの違いは、顔の厚み。ブローチは平べったく作るが、全身人形は丸い頭をイメージして作る。

2	3

次に胴体を作る。ベース用の羊毛7グラムをかまぼこ形にまとめる。頭をつける部分はふさふさを残しておく。	かまぼこのカーブの部分におうど色の羊毛で着色をする（下の部分は腹になる）。

4	5
	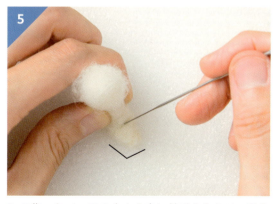
ベース用の羊毛で足を4本作る。目安は長さ5〜6センチ、直径1〜1.5センチ。片方の端はふさふさのままで。	4で作ったベースの上から白い羊毛をかぶせ、足先になる部分の先端を少し曲げる（マットに押しつけながら関節部分を刺す）。

足の裏に黒い羊毛で肉球を刺しつける。

ベース用の羊毛でしっぽを作る。細長く平べったいかたちで仕上がりは足よりやわらかめにする。長さは6〜7センチ。

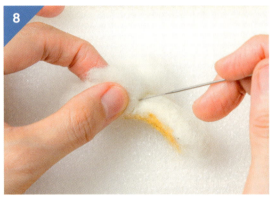

しっぽの内側をおうど色の羊毛で着色して、反対側にしっぽの先端から3分の2程度、白い羊毛を植毛する。余分な長い毛ははさみでカットする。

胴体に顔を刺しつける。胴体のふわふわ部分に顔をのせ、ふわふわを顔に刺してだんだん固めていく。

首のつなぎ目の部分が目立たなくなるように、おうど色の羊毛でならしていく。

さらに前足を刺しつける。同じく足のふわふわ部分を胴体に刺していく。

刺しつけた部分をならしながら、足の部分にもおうど色の羊毛で着色していく。

後ろ足も同じように胴体に刺しつけたあと、おうど色の羊毛で着色する。

後ろ足をつけ終わったら、足の上部に白い羊毛を盛って尻を作る。盛り上がりを作ったら、黒い羊毛で尻穴をつけることも忘れずに。

足が4本ついたら、ひっくり返しておなかの部分に白い羊毛をふんわりかぶせて浅く刺し、さらにつなぎの部分を目立たなくさせる。

尻の上部にしっぽを刺しつけて、ぐるりと丸めて、しっぽの先端を尻に刺しつける。しっぽにさらに白い羊毛で植毛する。

しっぽの余分な毛や胴体から出ている刺し損なった毛をカットし、仕上げる。

置いてみてバランスが悪い場合は、足を引っ張って伸ばしたり、足の根元を刺して短くしたりして長さを調節する。

コラム① 季節の小物のつくり方

節分 (P.18)

材料
- カラー羊毛（制作例はオレンジ、黒、黄緑を使用）
- 折り紙（金色）

作り方
1. 好きな色の羊毛をほぐし、柴犬の頭にのせる。軽く刺して固定する（あとで外せるように）。
2. 折り紙を角のかたちに丸め、テープやのりなどでとめる。
3. 角を頭のふわふわにそっと刺す。

夏休み (P.20)

材料
- ベース用羊毛
- カラー羊毛
  - おうど色（P.34 レシピ①）
  - 黒
  - 白
  - 赤
  - 緑

作り方
1. ベース用の羊毛6グラムを丸くまとめる。
2. 全体を緑色で着色する。
3. スイカの模様は緑に黒を混ぜた羊毛を使用する。
4. スイカのてっぺんと尻に、おうど色と緑を混ぜた羊毛を使ってへたを作る。

※切ったバージョンのスイカは、まず、ベース用の羊毛をかまぼこ形にまとめる。その後、図のように赤と緑の羊毛で着色し、黒とおうど色の羊毛で種を刺しつける。
※手ぬぐいは、細かい水玉の布を細く切って作る。

柴犬だるま ブローチ

こちらも冗談半分で作ったもの。
以前、普通のだるまを作っていたのですが、
飽きてきたとき、ふと柴犬にかぶせてみました。
意外と人気者。

材料

- ベース用羊毛
- カラー羊毛
    - ・おうど色（P.34 レシピ①）
    - ・黒
    - ・白
    - ・赤
    - ・黄
- 造花ピン（25mm）
- 綿糸

だいたいの流れ

ベースを作り、造花ピン縫いとめる → 顔を作る → 顔の下の模様をつける → 耳を作って刺しつける

サイズ

約10mm
約40mm
約35mm

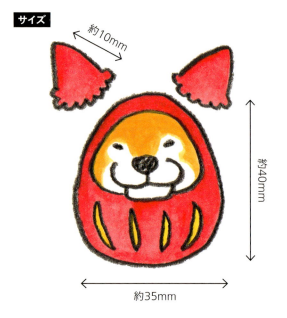

ベース用の羊毛3グラムを細長いおにぎり形にまとめる。

片面を赤い羊毛で着色し、着色した面に造花ピンを糸で縫いとめる。

反対の面の縫い目のボコボコにベース用の羊毛を刺して平らにする。その上に赤い羊毛をかぶせる。

白い羊毛で顔の部分を刺しつける。指で軽くかたちを作ってから3にあて、際を刺して縁をきれいに出す。

顔の部分の下のほうに鼻面を作る。下あごが顔から少しはみ出すように作るとかわいい。

黒い羊毛で鼻と目を刺しつける。

柴犬だるまブローチ

顔の周りをおうど色の羊毛で着色する。

顔の下に黄色の羊毛で模様をつける。左右端のカーブの模様は人さし指の爪のカーブを使うときれいに刺せる。

鼻面の細かい着色をする。貫通イヤリングの顔部分の着色を参考に（P.44）。

耳を作り、本体に刺しつけて完成。

ストラップ金具にしてもかわいいよ！

材料
- 二重丸カン（一重よりおすすめ）
- カニカン
- 根付けひも

作り方
1 二重丸カンを本体に縫いとめる。
2 接着剤で縫いとめた部分を固定する。
3 根付けひもにカニカンをとりつける。
4 二重丸カンとカニカンをつなぐ。

柴犬しっぽ付きトートバッグ

勝手な願望を申し上げるなら
おしりブローチと貫通イヤリングをつけ、
トートを持ち、柴犬のお散歩に出かけてほしい。
近所でウワサになりそうです、いろんな意味で。

材料

- ベース用羊毛
- カラー羊毛
  - ・おうど色（P.34 レシピ①）
  - ・白
- シャワーブローチ金具
  ゴールド（40mm）
- 綿糸
- 無地トート（約 W340mm×H210mm）
- 布用絵の具（好きな色で）

＊絵筆、パレット、筆洗も必要。

だいたいの流れ

しっぽのベースを作り、ブローチの土台を縫いとめる → 仕上げの植毛とトリミング → しっぽにブローチをとりつける → トートに絵を描く → トートにしっぽのブローチをつける

サイズ

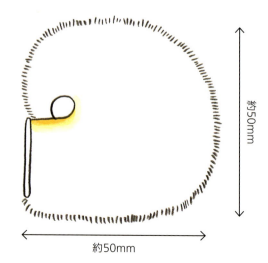

約50mm（縦）
約50mm（横）

058

しっぽ部分

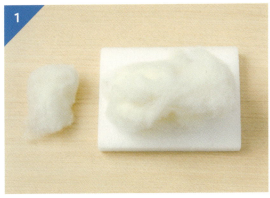

ベース用の羊毛11グラムを8対2程度に分け、8割のほうをしっぽのベースとしてまとめる。

写真のようなかたちに。長さの目安は12〜12.5センチ。太いほうの直径は4センチ程度。

太いほうは写真のように丸く平らに作る。指で囲って刺すと丸く平らにしやすい。ベースの残り2割を使って、全体のかたちを整える。

3で作った平らな円のところにシャワーブローチ金具の土台（穴があいているほう）をつける。写真のように糸で縫いとめる。

しっぽの内側をおうど色の羊毛で着色する。

写真のようにしっぽを丸め、しっぽの先端を刺して固定する。

端から順にひたすら植毛する。直毛を5～6センチに切って用意し、しっぽにあてて中央を刺す。詳しい方法は基本技術3を参考に（P.33）。

中央を刺した直毛を折り返して根元を刺し、固定する。

しっぽに全部植毛すると、写真のようなサイズ感になる。

植毛し終わったしっぽを、好きな長さにカットする。

仕上がりの目安は写真のようなサイズ。切りすぎた毛は元に戻せないので、少しずつカットして調節する。

シャワーブローチ金具のピンを土台にとりつける。やっとこや頑丈な棒などでピン側のツメを折り込み、接着剤で固定する。

トート部分

型紙（P.79）を150％に拡大コピーして厚紙に貼る。

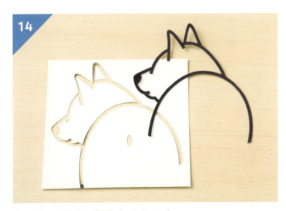

カッターで黒い部分をくりぬく。

鉛筆やシャープペンシルなどで型紙をなぞる。ボコボコして描きにくいときは、バッグの中にタオルなどを挟んで平らにする。

型紙は、部品ごとに少しずつ写していく。

なぞり終わったあとの様子。

好きな色の布用絵の具で着色する。写真は青と黒を混ぜた色を使用。

羊毛フェルトのつくり方
応用編

その他の犬種の顔ブローチ

黒柴

原寸図面 約 W50mm × H40mm

POINT

ポイントは色のつけ方です。いろいろな模様の黒柴がいるので、お気に入りの黒柴がいれば、その子を観察しながら着色してください。
目や鼻の周りは、おうど色と黒を混ぜた羊毛で、グラデーションをつけてください。

材料

- ベース用羊毛
- カラー羊毛
  ・おうど色（P.34 レシピ①）　・黒　・白
- ピンクのフェルトシート（舌用）
- 造花ピン（25mm）
- 綿糸

手順

❶ ベース用の羊毛を3グラム、平べったい楕円形にまとめる。
❷ 片面を黒い羊毛で着色する。
❸ 着色した面に造花ピンを縫いとめる。
❹ 反対の面のボコボコにベースの羊毛を刺して平らにし、白い羊毛をかぶせる。
❺ 上あごと下あごを白い羊毛で作る。
❻ 目と鼻を黒い羊毛で刺しつける。
❼ 口の周りを黒、口の中を赤の羊毛で着色後、歯をつける。
❽ 図面を参考に着色する。
❾ 黒い羊毛で耳を作って顔に刺しつける。耳の中はおうど色の羊毛で着色する。
❿ フェルトシートを切りとり、口の中に舌をつける。

ダックスフンド

原寸図面　約 W80mm × H55mm

〈正面〉

POINT

今回制作したのは、クリーム系のスムースヘアーの子です。
ダックスフンドのポイントは大きな耳と長めの鼻面です。
ブローチとしてはちょっとジャマになりますが、思い切って鼻は高めに！

材料

- ベース用羊毛
- カラー羊毛
  - ベージュ（P.34 レシピ②）
  - 黒
- 造花ピン（25mm）
- 綿糸

〈横〉

手順

❶ ベース用の羊毛を3グラム、縦長で平べったい楕円形にまとめる。
❷ 片面をベージュの羊毛で着色する。
❸ 着色した面に金具を縫いとめる。
❹ 反対の面のボコボコにベース用の羊毛を刺して平らにし、ベージュの羊毛をかぶせる。
❺ 上あごと下あごをベース用の羊毛で作る（カラー羊毛で作るよりかたちを整形しやすいため）。
❻ ❺で作ったあご部分をベージュの羊毛で着色する。
❼ 目と鼻を黒い羊毛で刺しつける。
❽ 上あごと下あごの境目を黒い羊毛で着色する。
❾ ベージュに黒を少し混ぜた羊毛で、鼻面の先端（鼻の上あたり）を着色する。
❿ 耳をベージュの羊毛で作る。かたちは図面の横を参考に。
⓫ 耳を顔に刺しつける。
⓬ 耳の付け根のところに少しベージュの羊毛を植毛する。

ビーグル

原寸図面 約 W55mm × H50mm

〈正面〉

〈横〉

POINT

ビーグルもダックスフンドと同じく、大きな耳がポイントです。ダックスフンドとの違いは、耳が顔の正面にかぶさるように、広く大きく作るところです。
鼻面は縦長で、唇の辺りは垂れ下がって作ります。

材料

- ベース用羊毛
- カラー羊毛
    - くるみ色（P.34 レシピ③）
    - 黒
    - 白
- 造花ピン（25mm）
- 綿糸

手順

❶ ベース用の羊毛3グラムを、縦長で平べったい楕円形にまとめる。
❷ 片面をくるみ色の羊毛で着色する。
❸ 着色した面に金具を縫いとめる。
❹ 反対の面のボコボコにベース用の羊毛を刺して平らにし、白い羊毛をかぶせる。
❺ 上あごと下あごを白い羊毛で作る。
❻ 目と鼻を黒い羊毛で刺しつける。
❼ 上あごの唇の部分に白い羊毛を盛って、垂れ下がった感じにする。
❽ 上あごと下あごの境目を黒い羊毛で着色する。
❾ 白と黒を混ぜた羊毛で、鼻面の下のあたりを着色する。
❿ 耳をくるみ色の羊毛で作る。かたちは図面の正面を参考に。
⓫ 耳を顔に刺しつける。
⓬ 耳を顔の正面に寄せ、少し顔を隠すように固定する。

フレンチブルドッグ

原寸図面 約 W55mm × H50mm

〈正面〉

〈横〉

POINT

今回制作したのは、クリーム系の単色の子です。
フレンチブルドッグのポイントも大きな耳、そしてたるんとした口元。
思い切りしわを寄せて、くしゃっとした顔を作ってみてください。

材料

- ベース用羊毛
- カラー羊毛
  - ・クリーム（P.34 レシピ④）
  - ・黒
  - ・ピンク
- 造花ピン（25mm）
- 綿糸

手順

❶ ベース用の羊毛3グラムを、平べったく丸くまとめる。
❷ 片面をクリームの羊毛で着色する。
❸ 着色した面に金具を縫いとめる。
❹ 反対の面のボコボコにベース用の羊毛を刺して平らにし、クリームの羊毛をかぶせる。
❺ 上あごと下あごをクリームの羊毛で作る（上あごを大きめに作る。目安は上あごと下あごが9対1程度）。
❻ 目と鼻を黒い羊毛で刺しつける。
❼ 鼻周りにしわをつけるため、クリームの羊毛を細長くこよって、足していく。
❽ 上あごと下あごの境目を黒い羊毛で着色する。
❾ クリームに黒を少し混ぜた羊毛で、鼻面の先端（鼻の上あたり）を着色する。
❿ 耳をクリームの羊毛で作る。かたちは図面の正面を参考に。
⓫ 耳を顔に刺しつける。
⓬ ピンクと白を混ぜた羊毛で耳の中を着色する。

トイプードル

原寸図面 およそ W70mm × H60mm

〈正面〉

〈横〉

POINT

トイプードルの本当のかたちって、なんでしょうね。トリミング次第でいろんなプードルを作ることができます。
耳はあえて作らず、簡単に作れるようにしてみました。
もさもさのプードル玉を作って、自由にトリミングを楽しんでください！

材料

- ベース用羊毛
- カラー羊毛
  ・ベージュ（P.34 レシピ②）
  ・黒
  ・白
- 造花ピン（25mm）
- 綿糸

手順

❶ベース用の羊毛3グラムを、平べったい楕円形にまとめる。
❷片面を白い羊毛で着色する。
❸着色した面に金具を縫いとめる。
❹反対の面のボコボコにベース用の羊毛を刺して平らにし、白い羊毛をかぶせる。
❺上あごと下あごを白い羊毛で作る。
❻鼻を黒い羊毛で刺しつける。
❼鼻の周辺と目の周りを、白とベージュを混ぜた羊毛でうっすら着色する。
❽目を黒い羊毛で刺しつける。
❾上あごと下あごの境目を黒い羊毛で着色する。
❿上あごの上部から順に白い羊毛を植毛する（造花ピンがある裏面にはしない）。
⓫全体を植毛し終わったら、好きな長さにはさみでカットする。切りすぎた毛は元に戻せないので、少しずつカットして調節する。

チワワ

原寸図面　およそ W60mm × H50mm

〈正面〉

〈横〉

POINT

今回制作したのは、単色のロングヘアーです。トリミングをしたばかりの、クリーム色の子をイメージしています。
ポイントは鼻の位置とくりくりの大きな目。目には小さな白丸で、キラキラ光る様子を表現すると、さらにかわいいです。

材料

- ベース用羊毛
- カラー羊毛
  - ・クリーム（P.34 レシピ④）
  - ・黒
  - ・白
- 造花ピン（25mm）
- 綿糸

手順

❶ ベース用の羊毛3グラムを、平べったい楕円形にまとめる。
❷ 片面をクリームの羊毛で着色する。
❸ 着色した面に金具を縫いとめる。
❹ 反対の面のボコボコにベース用の羊毛を刺して平らにし、クリームの羊毛をかぶせる。
❺ 上あごと下あごをクリームの羊毛で作る。上あごはツンと上を向かせる。
❻ 目と鼻を黒い羊毛で刺しつける。鼻は他の犬種より少し下につける。
❼ 目の中に白い羊毛で光をつける。
❽ 上あごと下あごの境目を黒い羊毛で着色する。
❾ クリームに黒を少し混ぜた羊毛で、鼻面の先端（鼻の上あたり）を着色する。
❿ 耳をクリームの羊毛で作る。かたちは図面の正面を参考に。
⓫ 耳を顔に刺しつける。
⓬ 耳の中と顔の両サイドにクリームの羊毛を植毛する。

パピヨン

原寸図面 約 W60mm × H50mm

〈正面〉

〈横〉

POINT

パピヨンは、ちょうちょのような大きな耳がポイントです。
ロングヘアの犬はブローチにすると毛が乱れやすいので、全体的に短くして作っています。
お好みでロングヘアの子を作ってみてください。

材料

- ベース用羊毛
- カラー羊毛
  - ・茶色（P.34 レシピ⑤）
  - ・黒
  - ・白
- 造花ピン（25mm）
- 綿糸

手順

❶ベース用の羊毛3グラムを、平べったい楕円形にまとめる。
❷片面を茶色の羊毛で着色する。
❸着色した面に金具を縫いとめる。
❹反対の面のボコボコにベース用の羊毛を刺して平らにし、白い羊毛をかぶせる。
❺上あごと下あごを白い羊毛で作る。
❻顔の両サイドを図面を参考に茶色の羊毛で着色する。
❼目と鼻を黒い羊毛で刺しつける。
❽上あごと下あごの境目を黒い羊毛で着色する。
❾茶色に黒を少し混ぜた羊毛で、目の下から鼻面のサイドあたりを着色する。
❿耳を茶色の羊毛で作る。かたちは図面の正面を参考に。
⓫耳を顔に刺しつける。
⓬耳の中と顔の両サイドに茶色の羊毛を植毛する。

シーズー

原寸図面 W65mm × H50mm

〈正面〉

〈横〉

POINT

今回制作したシーズーも、ブローチとして使いやすいように、被毛を短めにしました。
ポイントはふさふさした耳と口元。
シーズーもいろいろな色の子がいるので、混色をして、他の色の子も作ってみてください。

材料

- ベース用羊毛
- カラー羊毛
  - ・ベージュ（P.34 レシピ②）
  - ・黒
  - ・白
- 造花ピン（25mm）
- 綿糸

手順

① ベース用の羊毛3グラムを、丸く平べったくまとめる。
② 片面を白い羊毛で着色する。
③ 着色した面に金具を縫いとめる。
④ 反対の面のボコボコにベース用の羊毛を刺して平らにし、白い羊毛をかぶせる。
⑤ 上あごと下あごを白い羊毛で作る。
⑥ 顔の両サイドをベージュの羊毛で着色する。
⑦ 目と鼻を黒い羊毛で刺しつける。
⑧ 鼻面の毛並みを考えながら白い羊毛を植毛する。
⑨ 植毛した口元をはさみでカットして少し整えたあと、白と黒を混ぜた羊毛で、口の周りを着色する（P.15 参照）。
⑩ 耳をベージュの羊毛で作る。かたちは図面の横を参考に。
⑪ 耳にベージュの羊毛で植毛する。
⑫ 耳を顔に刺しつける。
⑬ 耳のつけ根のところを整えるようにベージュの羊毛を植毛する。

雑種

原寸図面 約 W60mm × H50mm

〈正面〉

〈横〉

POINT

雑種といっても、それこそ数えきれないほど、個性的な子がたくさんいます。その中で本書に登場してもらったのは、鼻がピンクの、シュッとした体型の雑種。ポイントはピンクの鼻の色合いと鼻の穴、鼻面の毛穴です。
たくましい感じに仕上げてください。

材料

- ベース用羊毛
- カラー羊毛
  ・クリーム色（P.34 レシピ④）
  ・黒
  ・ピンク
- 造花ピン（25mm）
- 綿糸

手順

❶ ベース用の羊毛3グラムを、縦長で平べったい楕円形にまとめる。
❷ 片面をクリームの羊毛で着色する。
❸ 着色した面に金具を縫いとめる。
❹ 反対の面のボコボコにベース用の羊毛を刺して平らにし、クリームの羊毛をかぶせる。
❺ 上あごと下あごをベース用羊毛で作る（カラー羊毛で作るよりかたちを整形しやすいため）。
❻ ❺で作ったあご部分をクリームの羊毛で着色する。
❼ 目を黒い羊毛で刺しつける。
❽ 黒とピンクを荒く混ぜた羊毛で鼻を刺しつける。鼻がついたら鼻の穴を黒い羊毛で刺しつける。
❾ 上あごと下あごの境目を黒い羊毛で着色する。
❿ クリームに黒を少し混ぜた羊毛で、鼻面を着色する。黒い羊毛で毛穴を数カ所刺しつける。
⓫ 耳をクリームの羊毛で作る。かたちは図面の正面を参考に。
⓬ 耳を顔に刺しつける。

柴犬人形
—おすわり—

サイズ　約 W60mm × H95mm

手順

❶顔を作る（P.40,48 参照）。
❷ベース用の羊毛5グラムを三角錐のかたちにまとめて胴体を作り、おうど色の羊毛で着色する。
❸前足はノーマル（P.48 参照）と同様のものを作り、顔の下に刺しつける。
❹足のももの部分を作り、胴体に刺しつける。
❺後ろ足のももから先を作り、ももの下に刺しつける。
❻しっぽを作り、胴体に刺しつける。

柴犬人形
― ごろん ―

サイズ 約 W60mm × H95mm

 手順

❶顔を作る（P.40,48参照）。
❷ベース用の羊毛7グラムをつつ状にまとめて胴体を作り、おうど色の羊毛で着色する。
❸前足、後ろ足を上図のように曲げて作り、胴体に刺しつける。
❹しっぽを作り刺しつける。

コラム② 季節の小物のつくり方

端午の節句 (P.19)

材料
- 好きな種類の紙（新聞紙や金色の折り紙がおすすめ。本書の柴犬人形向けのサイズは11cm角の正方形）

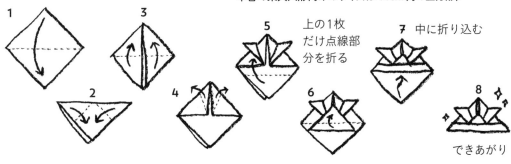

クリスマス (P.21)

材料
- 赤いフェルトシート
- 綿糸（白・赤）
- 白いモール
- ベース用羊毛

作り方

1 フェルトシートを、右の型紙と同じサイズに2枚カットする。
2 2枚のフェルトシートを重ね、底辺以外の2辺を赤い糸で縫い合わせる。
3 表に返し、細い棒などを使って、角を押し出す。
4 袋状になった口にモールを巻きつけ、白い糸で縫いつける。
5 モールに沿って、ベース用の羊毛を帯状に刺しつける。
6 柴犬にかぶせ、適当なところで折り曲げ、曲げたところを軽く縫って押さえる。

※帽子をかぶせたあと、顔の周りにベース用の羊毛でひげを作る。写真でかけている眼鏡は、人形用の既製品を使用。

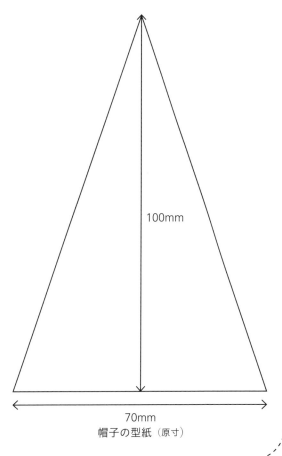

帽子の型紙（原寸）

羊毛の話

最後に少しだけ、羊毛について、
知っていただきたいことがあります。

羊毛は、読んで字のごとく羊の毛です。

羊は毛刈りをしないと、どんどん毛が伸びてしまうもの。
だから、毛刈りは羊にとっても人間にとっても、嬉しいこと。
そんなふうに考えている方も、多いんじゃないかなと思います。

でも、もともと羊は、毛刈りをしなくても大丈夫な生きものです。
野生の羊は、自分の力で換毛できます。
犬と一緒で、暑くなる前にぽそぽそと毛が抜けるそうです。

牧場で飼われている羊は、毛刈りが必要です。
人間がよりよい羊毛を得るために品種改良されているのです。

また、効率を優先するあまり、羊が痛い思いをする方法で
毛刈りが行われていることもあるそうです。

その方法は「ミュールシング」と呼ばれていますが、
現状を知るための資料が少ないので、情報を得る方法を模索しているところです。

きちんとした方法で行えば、毛刈りは羊の命を奪うものではありません。
ただし、得られる毛の量は有限です。

そして、羊毛が私たちが使える状態になるまでには、たくさんの手間がかかります。
毛刈りをして、何度も洗って、ゴミをとって、何度もすいて。
こんなに安く手に入っていいのかな、と思うくらいに。

そんなことを少しだけ頭のすみに置き、
今あなたが手にしているセーターや帽子などの羊毛製品を、
長く大切に使っていただけたら、とても嬉しいです。

私も、羊毛は無駄なく大切に使おうと心がけています。

トリミングして出た短い羊毛も再利用しよう！

柴犬しっぽつきトートバッグや、トイプードルを作ったときなど、
トリミングで出た余計な羊毛は、短く、扱いにくく感じられると思います。
ただ、そういった羊毛でも再利用する方法はあります。

たとえば私は、あまり固く作らなくてもいい土台を作るときに、
ベース用の羊毛の芯部分として利用しています。

（※短い羊毛を芯部分にして固く仕上げようとすると、時間がかかります）

1. トリミングして出た余計な羊毛が少量の場合は、ファスナーつき保存袋などに保管して、ある程度量をためてから使うのがおすすめ。

2. 短い羊毛を、ベース用の羊毛にくるむ。短い羊毛の割合が多すぎると、まとめるのが大変になるので、多くても全体の4割程度にする。

3. 短い羊毛が外にはみ出ないように、ベース用の羊毛で均一に包み込む。その後は通常と同じように、刺し固めていく。

ムダなく楽しい羊毛フェルトライフを！

おすすめ手芸用品店

紡ぎ車と世界の原毛
株式会社アナンダ

http://www.ananda.jp/
ニュージーランド産の羊毛が豊富に揃っているお店です。
ニュージーランドは「ミュールシング」（毛刈りの方法の一種。羊が痛い思いをするといわれています）が廃止されている国なので、ニュージーランド産の羊毛は、安心して購入できます。
山梨本店、東京吉祥寺店の 2 店舗に加え、ネット店も運営中です。

［山梨本店］
〒 408-0033　山梨県北杜市長坂町白井沢 2995
TEL　0551-32-4215
営業時間　9:00 〜 17:00
定休日　土日祝

［東京吉祥寺店］
〒 180-0003　東京都武蔵野市吉祥寺南町 2-38-7
TEL　0422-24-7118
営業時間　10:00 〜 18:00
定休日　年中無休（ただし、年末年始を除く）

［ネット店］
http://shop.ananda.jp/

材料購入店舗

・羊毛
→アナンダ

・シャワーブローチ金具　ゴールド（25mm、40mm）※素材は真鍮
・イヤリングシャワー金具　ゴールド（15mm）※素材は真鍮
・造花ピン（25mm）
→株式会社貴和製作所
　http://www.kiwaseisakujo.jp/

・無地トート（厚手キャンバスパイプハンドルトート〈S〉ナチュラル）
→株式会社エーリンクサービス　トートバッグ工房
　http://www.totebag.jp/

ぶっちゃん＆ちくちゃん＆きびちゃん＆Mさん
もーさん＆Yさん
東金であった子たち
ポチ＆はな

大サワ工房

羊毛フェルト作家、イラストレーター。
2008年末に羊毛フェルトに出会う。以降、動物モチーフの作品を中心に制作、販売。都内を中心に各種イベントに参加、ワークショップも随時開催。かわいらしく、心なごむ作品で人気を集める。

デザイン ....加藤愛子（オフィスキントン）
写真 ....山野浩司
スタイリング .....坂本祥子
モデル ....理姫（アカシック）＆凛
校正 ....服部妙子
編集 ....寺門侑香

羊毛フェルトでつくる　かわいいわんこ

2016年10月3日　第1版第1刷発行

著　者　　大サワ工房
発行者　　玉越直人
発行所　　WAVE出版
　　　　　〒102-0074　東京都千代田区九段南4-7-15
　　　　　TEL 03-3261-3713　　FAX 03-3261-3823
　　　　　振替 00100-7-366376
　　　　　E-mail: info@wave-publishers.co.jp
　　　　　http://www.wave-publishers.co.jp
印刷・製本 大日本印刷株式会社

©osawakobo 2016 Printed in Japan

落丁・乱丁本は送料小社負担にてお取り替え致します。
本書の無断複写・複製・転載を禁じます。

本書の内容はすべて、著作権法によって保護されています。
本書掲載の作品・作り方図などを店頭・インターネット上などで
商品として販売する場合には、著作者の許可が必要となります。

ISBN 978-4-86621-020-9
NDC594 79p 24cm